校园版

国宝金丝猴中学研学旅行手册

―― 编委会 ――

主　　　编：杨敬元　潘淑兰
常务副主编：朱翠兰
副　主　编：段志刚
编　　　委：石月霞　王晓倩
美术及排版：林东勇　贺天颖　杜长谚　占妍　彭雨晨

华中科技大学出版社
http://www.hustp.com
中国·武汉

图书在版编目（CIP）数据

国宝金丝猴中学研学旅行手册/杨敬元，潘淑兰主编.—武汉：华中科技大学出版社，2021.7
ISBN 978-7-5680-7401-8

Ⅰ.①国… Ⅱ.①杨… ②潘… Ⅲ.①教育旅游-中学-教学参考资料 Ⅳ.①G632.429

中国版本图书馆CIP数据核字(2021)第144762号

国宝金丝猴中学研学旅行手册（校园版） 杨敬元 潘淑兰 主编
Guobao Jinsihou Zhongxue Yanxue Lüxing Shouce(Xiaoyuan Ban)

策划编辑：胡弘扬
责任编辑：胡弘扬
封面设计：廖亚萍
责任校对：李 琴
责任监印：周治超

出版发行：华中科技大学出版社（中国·武汉） 电话：（027）81321913
　　　　　武汉市东湖新技术开发区华工科技园 邮编：430223
录　　排：华中科技大学惠友文印中心
印　　刷：湖北恒泰印务有限公司
开　　本：787mm×1092mm　1/16
印　　张：5.75
字　　数：100千字
版　　次：2021年7月第1版第1次印刷
定　　价：24.80元（含两册）

本书若有印装质量问题，请向出版社营销中心调换
全国免费服务热线：400-6679-118　竭诚为您服务
版权所有　侵权必究

神农架国家公园——国宝金丝猴

神农架是华中地区最大的原始森林,它是神秘的代名词。有人说它集奇树、奇花、奇洞、奇峰于一体,还有人说它春、夏、秋、冬大不相同。"野人""白化动物""冷热洞"……就像一团团斑斓迷离的云雾,让无数人想探寻其中的奥秘和神奇。

神农架国家公园有国家重点保护的野生动物95种,其中最珍贵的就是国宝——金丝猴。它以美丽、机智、神勇、优雅、敏捷赢得大众的青睐,它也是《西游记》里的美猴王——齐天大圣孙悟空的原型,但这种国宝级动物却正处于濒临灭绝的危险中。

你去过神农架吗?你听过金丝猴的故事吗?让我们走进神农架,探秘金丝猴!

神农架的春夏秋冬

金丝猴

金丝猴

目 录 contents

活动准备 01
一、提出问题 01
二、搜集问题 02

实施建议 03
一、选择学习方法 03
二、选择展示方式 09
三、研究过程个人须知 19
四、确定主题，制订计划 20

分享总结 21
一、成果展示与交流分享 21
二、总结反思 22
三、亮点与改进 23

多元评价 24

延伸读物 26

活动准备

一、提出问题

将你了解到的与神农架金丝猴有关的信息与同学进行交流，分享你对金丝猴最感兴趣的方面，提出你最想探究的问题，并记录下来。

我感兴趣的知识：

我提出的问题：

同学们提出的问题：

（1）金丝猴能在我的家乡生存下来吗？

（2）金丝猴家族中谁是领导者？

（3）

（4）

二、搜集问题

对同学们提出的问题加以归类整理，形成活动主题。表 1 为问题归类与活动主题表。

 表 1　问题归类与活动主题表

我们的问题	活动主题
如何识别金丝猴？	金丝猴的外貌与环境适应
金丝猴的手比腿长吗？	
金丝猴物种的由来与进化是怎样的？	金丝猴的生物学特征
金丝猴的种群、种间关系是什么样的？	

实施建议

一、选择学习方法

实地考察法

可按照不同目标,确定观察对象,分不同阶段前往目的地进行直观的、详细的实地调查。注意将每一次研究的问题、观察的现象和结果记录在观察作业单(见表2)上,最后得出结论。

▶ 例如,我们这次的研究目标是关注生命与自然环境,观察对象是金丝猴。如果你的时间有限,可前往居住地附近的动物园进行实地考察;如果时间充裕,欢迎走进神农架国家公园大龙潭金丝猴栖息地。

在武汉动物园进行金丝猴实地考察活动

表2 观察作业单

姓名	
观察时间	
观察地点	
观察对象	
观察主题	
需要通过观察解决的问题	1. 2. 3. 4.
观察准备	
观察记录	
我的发现和新的问题	

文献研究法

对收集到的关于金丝猴的资料进行鉴别、分类、整理，最后形成自己的总结性认识。注意有效甄别信息的准确性、科学性，从科学权威的网站、书籍中获取专业知识，最后将获取的知识及时整理归纳。表3为资料收集与整理作业单。

中国知网主页

图书馆查询

表3　资料收集与整理作业单

我们小组的研究主题	
我研究的具体问题	
我查资料的网址或书名	
资料摘抄	
我的研究结论	
新的问题	

访谈研究法

对与金丝猴有接触的饲养员、保育人员进行问题访问，探讨、思辨某一主题。如果想保证访谈的效果和深度，注意一定要提前做好准备，有一定的知识铺垫会增加提出真问题、好问题的概率。表4为访谈提纲表。

科研人员介绍金丝猴及其生存环境

表4　访谈提纲表

访谈主题	
访谈时间	
访谈地点	
访谈对象	
访谈准备	
访谈问题及结果	
1.	
2.	
3.	
4.	
我的发现	
新的问题	

二、选择展示方式

科学报告

什么是科学报告?

通过观察、走访、查阅资料等方式对所调查的事物做出详细的分析,寻找事物规律或者探寻事物特点,以报告的形式展现调查结果。

幼年金丝猴

金丝猴群

金丝猴生活习性调查报告

照片

参与人员：

研究方法：

研究地点：

研究对象：

研究内容：

小结：

注意事项：

1. 实地考察中不做危害金丝猴生存的行为。

2. 保证人身安全，与金丝猴保持距离，避免被抓伤等。

海　报

什么是海报？

海报是一种常见的宣传方式，选取图片、文字、色彩、空间等要素，并对其加以整合，以恰当的形式向人们展示宣传信息。可直接使用电脑软件操作。

科普型海报

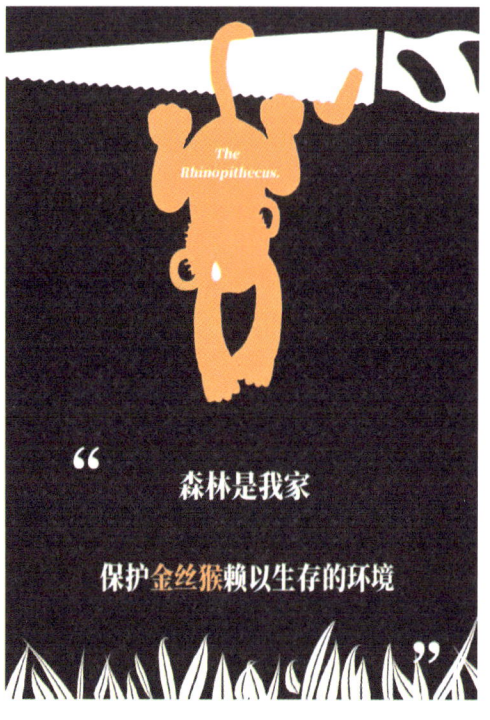

概念型海报

微视频

什么是微视频？

微视频是通过电脑、手机、摄像机等工具拍摄的短时长的视频。视频长度短则十几秒，长则几分钟或者几十分钟，用来记录动态过程，互动性高，娱乐性强。因为时长较短，比起长视频，微视频更能达到吸睛效果。

例如，以"金丝猴一天的生活"为主题，找到你拍摄的主角进行多镜头跟踪拍摄，在后期加以剪辑。

情 景 剧

什么是情景剧？

情景剧是一种轻喜剧，通过场景、人物对话或念白呈现完整的剧情。

案例

主要角色：

金丝猴康康：

金丝猴一勇：

金丝猴雄伟：

金丝猴小嘉：

金丝猴甲／乙／丙：

第一幕
地点：树林间
内容：

第四幕
地点：部落
内容：

第二幕
地点：部落里
内容：

第五幕
地点：雪地
内容：

第三幕
地点：全雄部落
内容：

尾声
地点：部落
内容：

创客活动

什么是创客活动？

创客（mak-er）活动现多指利用新兴技术的手段记录保存个人创意、分享创意、传递创意的活动。可利用手段包括编程、网络游戏设计、实物模型、大数据模拟、活动性沙盘、无人机、红外线跟踪等。

大数据模拟图

沙盘模拟

制作步骤：
1. 利用记录手段先进行数据的收集和场地的建模。
2. 根据平面布置图堆造沙台。
3. 制作主要比例模型。
4. 制作相关配件。
5. 进行整体组装、造景。

3D 打印

什么是 3D 打印?

3D 打印是一种以数字模型文件为基础,运用粉末状金属或塑料等黏合材料,通过逐层打印的方式来构造物体的技术。电脑高手可以把经研究得到的金丝猴体形特征数据输入计算机,通过建模软件建立模型,利用 3D 打印机进行打印就可以得到栩栩如生的金丝猴模型了。

小贴士

温馨提醒:

利用彩泥手工技术也可以得到相同的效果。

制作工具: Solidworks、3D Studio Max、Fusion 360 等软件,3D 打印机。

制作步骤:

1. 利用建模软件设计展示品的 3D 模型。
2. 生成 STL 文件,进行切片。
3. 输入 3D 打印机完成打印。
4. 进行抛光、打磨、上色等后期操作。

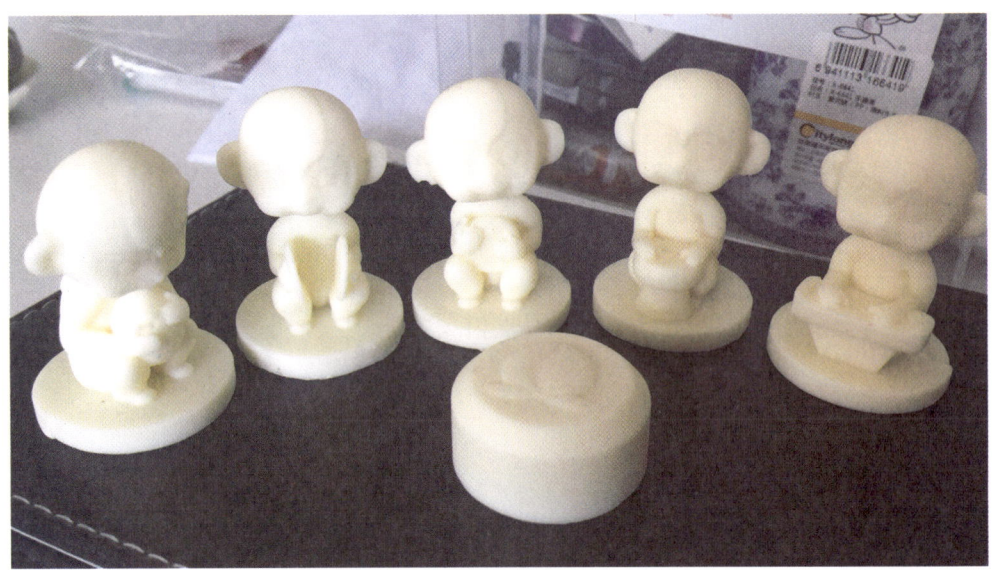

3D 打印小猴子模型

金丝猴一家

文学创作

什么是文学创作？

文学创作是以现实为依据和蓝本，根据作家本人的生活经验和感悟，对事物进行文学加工，以文字阅读的形式向读者呈现作者本人的思想和审美的过程。

《西游记》美猴王

▶ 我国四大名著之一《西游记》里的美猴王原型就是金丝猴：金灿灿的毛色，两只眼睛如铃铛一般，嘴唇上下一碰便发出爽朗的笑声，活泼顽皮，古灵精怪，却又一身正气，桀骜不驯。

▶ 古代文学作品中出现大量与猴子有关的文章、诗句，如南北朝地理学家郦道元在《三峡》中写道："故渔者歌曰：'巴东三峡巫峡长，猿鸣三声泪沾裳。'"

金丝猴取食

自然笔记

什么是自然笔记?

▶ 是一种记录自然观察的方式。

▶ 常采用图文结合的方式。

▶ 笔记者独一无二的自然创作。

▶ 着重于做自然笔记过程中的记录和发现,任何人都可以拿起画笔,不强调绘画技法。

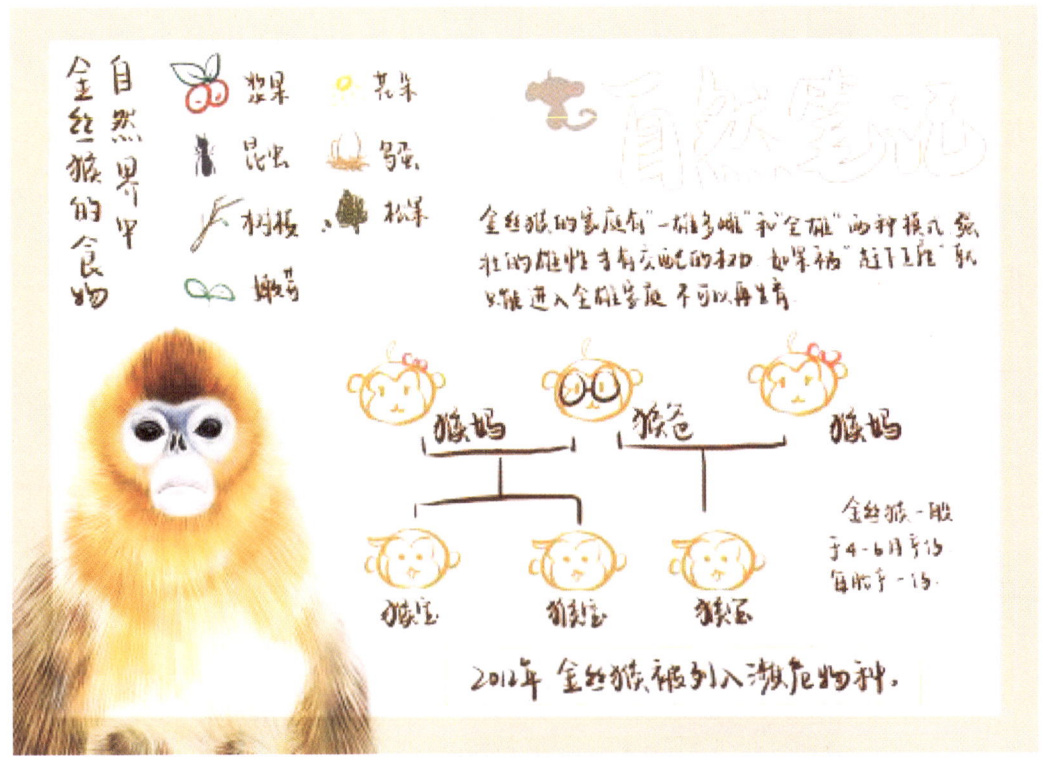

自然笔记

三、研究过程个人须知

▶ 主题研究过程中遇到困难,可向家长、教师、金丝猴研究机构工作人员、动物园饲养人员等寻求帮助。

▶ 实地考察需注意人身安全。

▶ 网上搜索资料控制用时,每次不超过 1 小时。

金丝猴家庭

> 金丝猴很可爱,但是实地考察时一定要提高警惕,保护好金丝猴的同时也要保护好自己。

四、确定主题，制订计划

▶ 开展活动前，需确定主题，并制订行动计划。表5为行动计划表。

表5 行动计划表

我们小组的研究主题	
研究方法	
准备开展的活动	
研究成果呈现方式	

人员分工			
小组成员	具体任务	完成时间	备注

分享总结

一、成果展示与交流分享

与全班同学分享小组活动成果,将分享的主要内容记录在小组成果及主要内容汇总表(见表6)中。

表6 小组成果及主要内容汇总表

小组	成果名称	主要内容

二、总结反思

在本次金丝猴研究活动结束后,将自己的活动感悟写下来,并与同学分享。

我的感悟

三、亮点与改进

分享结束后，总结活动成果的亮点和需要改进的地方，记录在小组亮点及改进表（见表7）中。

表7 小组亮点及改进表

小组	亮点	不足及改进

多元评价

通过"国宝金丝猴"专题学习,请大家对照多元评价表(见表8)进行评价。(A 表示优秀　　B 表示良好　　C 表示合格)

表8　多元评价表

评价指标	自我评价	他人评价	教师评价
积极参与金丝猴研究的各项准备工作			
掌握了大量神农架金丝猴的相关知识			
积极参与成果制作,动手能力强			
提出了切实可行的建议			

续表

评价指标	自我评价	他人评价	教师评价
遇到困难，积极解决			
有时间管理意识，能把控小组在各活动环节的时间			
研究过程中态度认真，积极协作			
展示成果环节，积极分享，充满感情			
展示成果有创意、感染力强			
综合评价			

延伸读物

1. 《金丝猴日记》　神农架自然保护区金丝猴考察队著，中国林业出版社。
2. 《金丝猴部落：探秘神农架》　古清生著，中国言实出版社。
3. 《我是神农架金丝猴》　李明璞、李云飞、廖明尧著，湖北人民出版社。
4. 《滇金丝猴生活图解》　于凤琴著，中国林业出版社。
5. 《金丝猴跟踪》　刘先平著，天天出版社。
6. 《金丝猴》　翁子扬著，华中科技大学出版社。
7. 《神农架金丝猴生境和遗传多样性研究》　张于光、李迪强等著，中国林业出版社。
8. 《我的山野朋友——探险灰金丝猴王国》　刘先平著，少年儿童出版社。
9. 《金丝猴的社会》　苏彦捷主编，北京大学出版社。
10. 《金丝猴研究》　全国强、谢家骅主编，上海科技教育出版社。
11. 《红唇美猴传奇》　赵序茅、李明著，中国少年儿童出版社。
12. 《我爱我家——白头叶猴在崇左》　中国野生动物保护协会等编著，中国农业出版社。

国宝金丝猴研学手册

▸ 学生姓名：

年级班级：

所在学校：

研学时间：

研学地点：

基 地 版

国宝金丝猴中学研学旅行手册

编委会

主　　　编：杨敬元　潘淑兰
常务副主编：朱翠兰
副　主　编：段志刚
编　　　委：石月霞　王晓倩
美术及排版：林东勇　贺天颖　杜长谚　占妍　彭雨晨

华中科技大学出版社
http://www.hustp.com
中国·武汉

图书在版编目（CIP）数据

国宝金丝猴中学研学旅行手册/杨敬元，潘淑兰主编.—武汉：华中科技大学出版社，2021.7
ISBN 978-7-5680-7401-8

Ⅰ．①国… Ⅱ．①杨… ②潘… Ⅲ．①教育旅游-中学-教学参考资料 Ⅳ．① G632.429

中国版本图书馆CIP数据核字(2021)第144762号

国宝金丝猴中学研学旅行手册（基地版） 杨敬元　潘淑兰　主编
Guobao Jinsihou Zhongxue Yanxue Lüxing Shouce(Jidi Ban)

策划编辑：胡弘扬
责任编辑：胡弘扬
封面设计：廖亚萍
责任校对：李　琴
责任监印：周治超

出版发行：华中科技大学出版社（中国·武汉）　　电话：（027）81321913
　　　　　武汉市东湖新技术开发区华工科技园　　邮编：430223
录　　排：华中科技大学惠友文印中心
印　　刷：湖北恒泰印务有限公司
开　　本：787mm×1092mm　1/16
印　　张：5.75
字　　数：100千字
版　　次：2021年7月第1版第1次印刷
定　　价：24.80元（含两册）

本书若有印装质量问题，请向出版社营销中心调换
全国免费服务热线：400-6679-118　　竭诚为您服务
版权所有　侵权必究

神农架国家公园
——国宝金丝猴

神农架是华中地区最大的原始森林，它是神秘的代名词，有人说它集奇树、奇花、奇洞、奇峰于一体，还有人说它春、夏、秋、冬大不相同。"野人""白化动物""冷热洞"……就像一团团斑斓迷离的云雾，让无数人想探寻其中的奥秘和神奇。

这片位于北纬31°附近的亚热带森林，孕育着中国十分之一的野生动物，其中生活着一个神秘部落，一群神奇、独特而又富于情感和智慧的生灵，它们就是神农架最珍贵的动物——国宝金丝猴。

神农架秋色

小金丝猴

目 录 contents

知识篇 01

　第一章　神农架国家公园 01

　第二章　金丝猴栖息地 05

　第三章　金丝猴外貌特征 08

　第四章　金丝猴生活习惯 11

　第五章　金丝猴行为 13

　第六章　金丝猴的家庭与社会结构 18

　第七章　金丝猴的故事 21

　第八章　金丝猴与生态保护 25

研学篇 28

　第一天　研学准备：金丝猴通行证大闯关 28

　　活动一　破冰游戏 29

　　活动二　通行证闯关活动 30

　　活动三　认识研学成果展示 33

　　活动四　组建研学小组 36

　　活动五　制订行动计划 37

　第二天上午　基地实践：神农架探秘金丝猴 38

　　活动一　观察金丝猴 39

  活动二 填写任务单 41

第二天下午 成果分享：金丝猴研学成果展示会 42

  活动一 展示活动准备及成果展示 42

  活动二 研学评价活动 43

  活动三 我的保护金丝猴承诺书 45

延伸读物 46

知识篇

第一章　神农架国家公园

你去过神农架吗？听说过神农架国家公园吗？

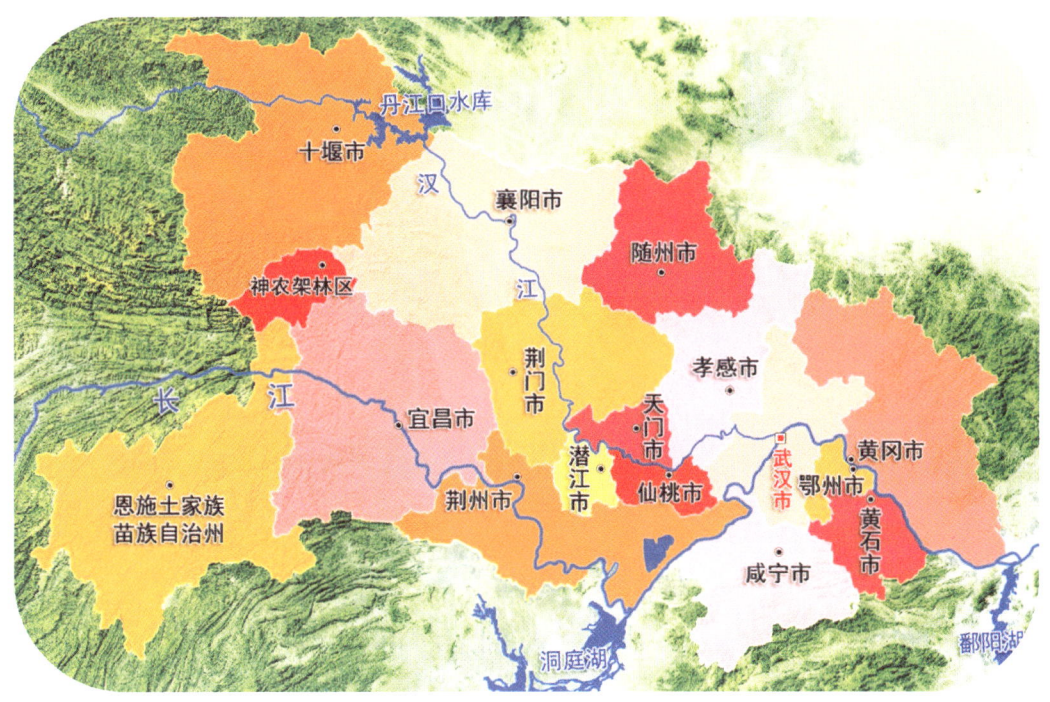

湖北省地图

> **讨论：**
> 作为中学生，我们可以通过哪些方法来认识一个完全陌生的地方呢？

实地考察法

可按照不同目标，确定观察对象，分不同阶段前往目的地进行直观的、详细的实地调查。将每一次研究的问题、观察的现象和结果记录在观察作业单上，最后得出结论。

例如，我们这次的研究目标是关注生命与自然环境，观察对象是金丝猴，如果你的时间有限，可前往居住地附近的动物园进行实地考察；如果时间充裕，欢迎走进神农架国家公园大龙潭金丝猴栖息地。

科研人员介绍金丝猴及其生活环境　　　在武汉动物园开展金丝猴实地考察活动

资料分析法

收集资料的途径有多种。你可以去图书馆查阅书刊报纸，可以去拜访专业人士，也可以上网搜索。资料的形式包括文字、图片、数据以及音像资料等。对获得的资料要进行整理和分析，从中寻找问题的答案，或者发现解决问题的线索。

知识篇

《金丝猴部落：探秘神农架》

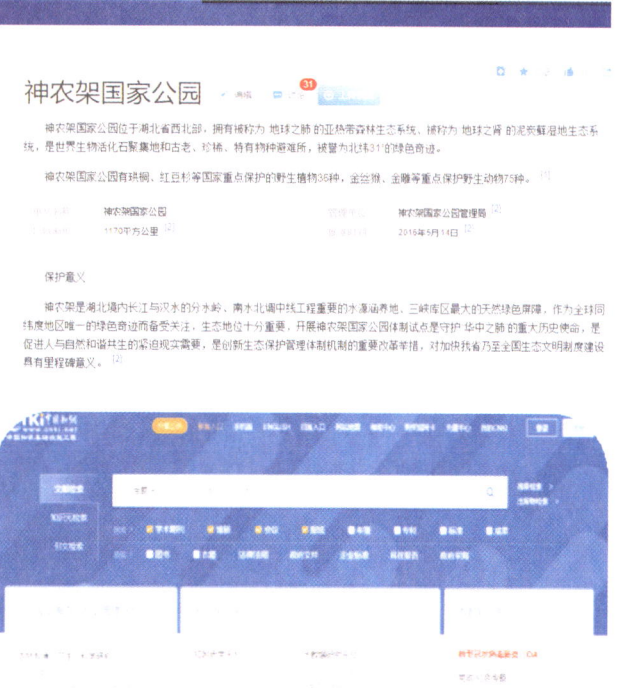

神农架国家公园的百科知识

神农架国家公园简介

神农架国家公园位于湖北省西北部，拥有被称为"地球之肺"的亚热带森林生态系统、被称为"地球之肾"的泥炭藓湿地生态系统，是世界生物活化石聚集地，还是古老、珍稀物种的"避难所"，被誉为"北纬31°的绿色奇迹"。

你知道这里居住着哪些珍贵的动植物吗？如果你不知道，那么请查阅相关资料或者亲自走入这个神秘的地方吧！

补充材料

1. 神农架国家公园有珙桐、红豆杉等国家重点保护的野生植物36种，金丝猴、金雕等重点保护野生动物95种。

2. 神农架为何适宜金丝猴生存？神农架国家级自然保护区气温偏凉且多雨，区内山体高大，有着独特的地理环境和气候，能够满足金丝猴日常生长和活动，植被丰富，非常适合金丝猴群体的生长。

3. 截至2020年，神农架金丝猴数量已达1400余只，但仍处于极度濒危的状态。神农架是世界金丝猴地理分布的最东端，该种群在川金丝猴演化史上占有重要的地位，研究神农架金丝猴种群对保护川金丝猴种群意义重大。因金丝猴极度濒危，故亟待加强其研究与保护。

第二章 金丝猴栖息地

如果你想亲自前往神农架拜访这群神奇而独特、智慧又富有情感的森林精灵，那么请走进金丝猴栖息地——大龙潭吧！

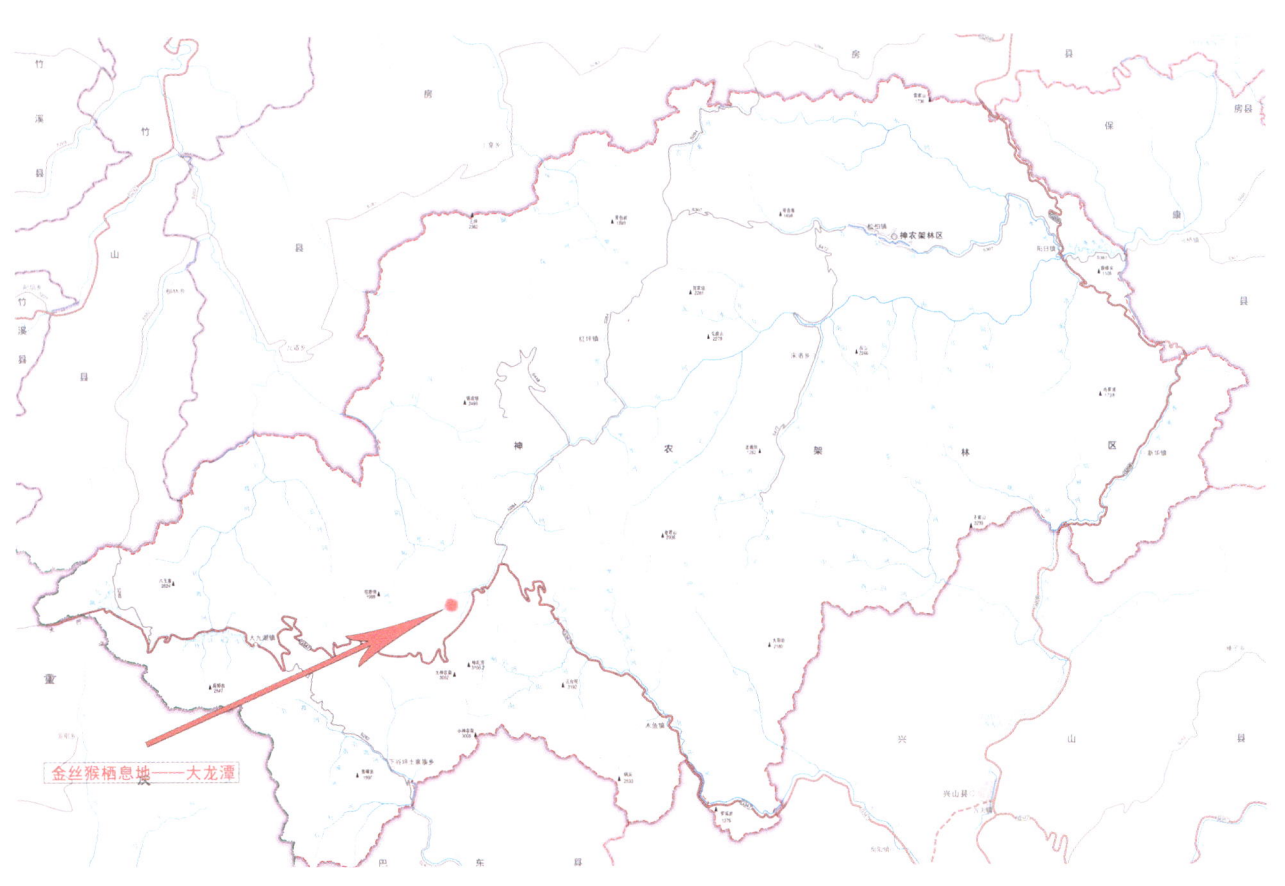

神农架大龙潭金丝猴栖息地

神农架金丝猴栖息地

▶ 神农架金丝猴是川金丝猴的一个亚种,在这些金丝猴里共有8个种群,数量1400余只,主要分布在大小千家坪、大小神农架、金猴岭、大龙潭、螺圈套等海拔1600—3000米的针阔混交林中,分布范围约210平方千米。

▶ 大龙潭金丝猴群体是神农架金丝猴群体最小的一个种群,数量100余只,主要分布在龙潭湾、三岔沟、龙林沟、观音洞等地,分布范围约8平方千米。

▶ 研究表明,金丝猴主要分布于海拔1600—3000米的长满了华山松、巴山冷杉、锐齿槲栎、水青冈的针阔混交林和落叶阔叶林地带,随季节变化移动活动范围,夜宿地一般会选择高大乔木树冠中部,有利于隐蔽和逃避天敌。金丝猴最佳活动范围为海拔1800—2400米。

金丝猴在玩耍

金丝猴种类与分布

金丝猴属于灵长目猴科仰鼻猴属。金丝猴分为川金丝猴、滇金丝猴、黔金丝猴、越南金丝猴、怒江金丝猴，都分布在亚洲。中国现有四种金丝猴，分别为川金丝猴、滇金丝猴、黔金丝猴、怒江金丝猴，其中前三种是我国的特有品种。川金丝猴主要分布于四川、甘肃、陕西和湖北，是世界上最早被发现的一种，滇金丝猴主要分布于四川、云南和西藏的交界处，黔金丝猴分布于贵州，怒江金丝猴仅分布于云南与缅甸交界处的高黎贡山。

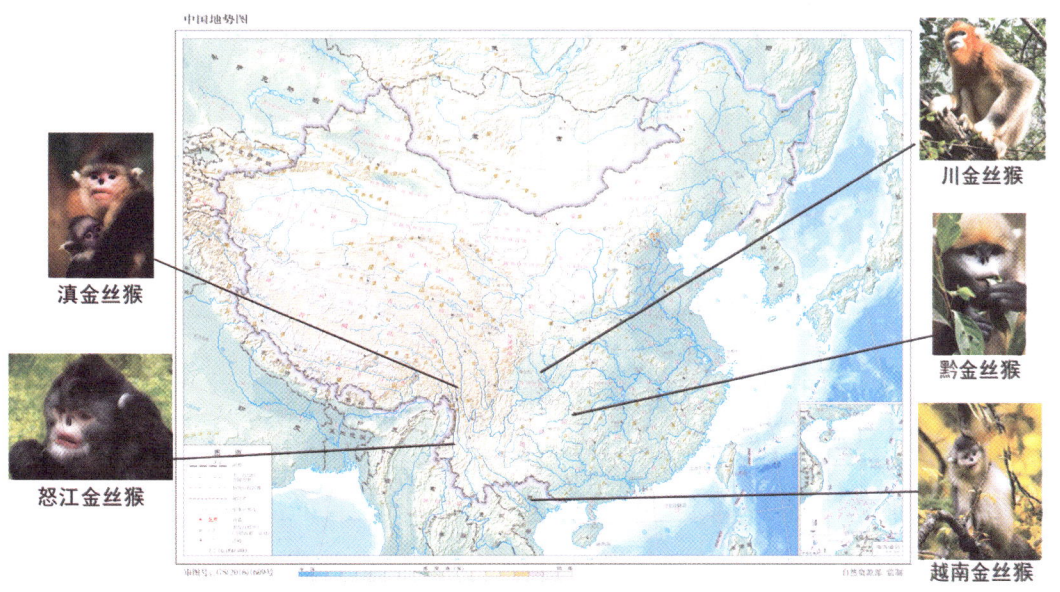

五种金丝猴分布位置图

注：下文金丝猴均代指川金丝猴。

第三章　金丝猴外貌特征

金丝猴从出生到成年外貌会发生什么变化呢？你知道如何分辨雌猴和雄猴吗？

观察下列图片，回答以上问题。

刚出生的婴猴毛色偏黑

幼猴黑毛褪去

雌雄难辨的幼猴

成年雄猴嘴角有瘤状突起和犬牙

身披金色长针毛的雄猴　　　　　　母猴与小猴

通过对以上图片的观察，你能回答以下问题吗？
1. 为什么给这群森林精灵取名为金丝猴呢？
2. 为什么它们又被称为仰鼻猴、蓝面猴呢？

如果你无法回答，不妨来学习金丝猴外貌特征的相关知识吧！

外貌特征

▶ 金丝猴的共同特征为鼻孔大且上翘，唇厚突出，两个腮帮子粗壮，一般有 32 颗牙齿，有 5 个手指和脚趾，指甲扁平，可以直立。金丝猴体型稍小，拖着长长的尾巴，披着长达 30 厘米的金黄色长毛。

▶ 金丝猴的鼻骨极度退化以至鼻孔上仰，因而又称仰鼻猴，因脸是天蓝色，还被称为蓝面猴。它们头顶有黑褐色毛冠，两耳边长着乳黄色的毛，棕红色的颊部和桔黄色的颈部相映，胸和腹部呈乳白色，是猿猴界的"美人"，还是四大名著之一的《西游记》中孙悟空的原型。

▶ 金丝猴毛色艳丽，形态独特，动作优雅，性情温和，深受人们的喜爱，与大熊猫共同被列为中国的两大"国宝"动物。

《西游记》美猴王

第四章 金丝猴生活习惯

你知道金丝猴什么时候吃东西、吃什么吗?

生活规律

▶ 早上,将胃内食物消耗殆尽的金丝猴投入觅食活动中,这一活动持续1—3小时。在上午的觅食高峰过后,青年猴和少年猴把大部分时间用于嬉戏玩耍,年长的金丝猴则开始了午休。午休结束后,金丝猴便陆续开始了第二次觅食活动,整个活动会在天黑前1小时结束。然后,猴群会返回它们的夜宿地。

不挑食

▶ 金丝猴是叶食性动物,喜食的植物有170余种,包含31科66属植物,不同季节采食的食物物种不同。夏秋季采食植物的浆果和其他果实,以及多种植物的叶和地衣等。秋季食物丰富多样,花楸、海棠、假稠李、猕猴桃等的果实是它们很喜欢的食物。

> 讨论:
> 冬季的神农架白雪飘飘,金丝猴的食物会短缺吗?

树皮与苔藓

巴山冷杉

冬季人工投食（松萝、苹果、花生等）

第五章　金丝猴行为

金丝猴也会嬉戏打闹或者打架斗殴吗？

金丝猴行为

▶ 金丝猴主要有交配行为、仪式化行为、攻击行为、作威行为、屈服行为、友谊行为、摄食行为等。

▶ 仪式化行为是传达信息的手段，是一种具有象征意义和传递情感的行为，例如灵长类动物间正常的理毛行为。

补充材料：理毛

理毛行为在金丝猴群体中随处可见。

金丝猴是爱清洁的动物，尤其珍惜它们一身美丽的毛发。一只金丝猴向另一只金丝猴表达友情，就会主动走过去帮它理毛，清理掉毛发中的碎叶、尘土、植物种子、树皮屑及分泌的盐粒等。

理毛行为发生在金丝猴群的所有成员之间，在一个阳光明媚的下午，吃饱了的金丝猴蹲在树上，便开始理毛活动了。大家庭的雄猴家长会有多个雌猴争着给它理毛。而当两只金丝猴经过一场恶斗再相遇时，也会相拥一抱，互相理一理毛，便和好如初了。

理毛行为是不是很像同学之间表达友好时的相互道歉、握手、拥抱的动作呢？

随处可见的理毛行为

▶ 攻击行为：咬住是金丝猴最强烈的攻击行为，通常是一方用嘴和锋利的犬牙咬住另一方身体的某个部分，可以使其受伤甚至死亡。

抓打，攻击强度较咬住次一级，一方用手抓或打另一方，还可以细分为拍打和冲撞。

追赶，强度较抓打次一级，没有身体接触。

威胁，强度最弱，是攻击行为中的一种仪式化行为。

攻击行为

▶ 屈服行为：金丝猴屈服行为的动作非常典型，用"蜷缩"来表示。金丝猴在表示屈服时，通常为坐姿，上身往前弓，缩颈，耸肩，低头，眉毛放松，目光向下，有时还会张嘴，下巴往里收，肩贴胸收紧，前臂放在大腿上，手放在膝盖上，腿蜷缩在身下，尾巴自然下垂，这种姿势可持续 2—3 秒。有时金丝猴也会缩颈，耸肩，低头，眉毛放松，目光向下，但四肢不一定作蜷缩状。当金丝猴个体受到群体攻击时或者等级低的金丝猴向等级高的金丝猴表示问候时，都会做出蜷缩的样子。

屈服行为（蜷缩）

摄食行为

补充材料：交流

1. 安静状态时的叫声：金丝猴在休息、觅食时均会有此种叫声，发音为"o——"，声音平缓。当一个个体发出此种声音时，其他个体会抬头朝发声者观看，并以相同的叫声回应，随后又各自继续原来的活动。

2. 惊异声：当金丝猴发现人或其他动物时，就会立即发出这种叫声："o——ga"，声音缓慢较低。别的个体听到此种声音会停止活动，引颈抬头，互相应叫，当判定没有危险时，会响应并继续原来的活动。

3. 警戒声：此种声音讯号短促响亮，当发现敌情敌害时，以此种叫声引起群体的警戒。警戒声分为报警讯号和惊恐戒备声。

此外还有求偶声、幼崽叫声等。

记得在森林中仔细聆听金丝猴的声音哦！

第六章　金丝猴的家庭与社会结构

观察图片，你能推测出金丝猴的家庭结构特征吗？

一夫多妻

三口之家

妻妾成群

光棍团

金丝猴的家庭与社会结构

▶ 金丝猴的分布与社会结构类似于我国的村，一个种群为一个村，由若干家庭单元和一个全雄单元构成。

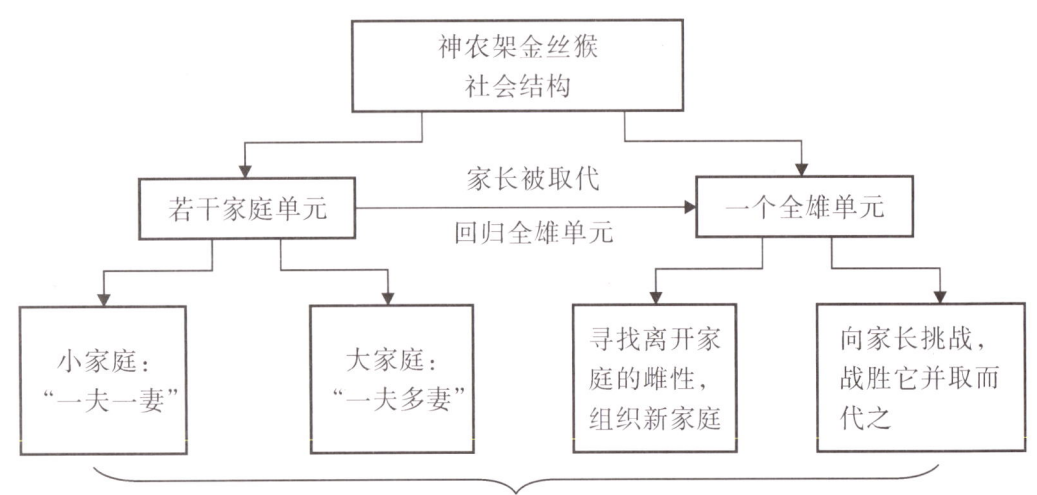

神农架金丝猴社会结构图

▶ 家庭单元中的金丝猴，过着世俗生活；全雄单元中的金丝猴，过着军事生活。家庭与家庭之间，严格地说是家长与家长之间，理论上的社会地位是平等的，它们在一起生活、一起迁徙、一起抗御天敌或躲避天敌。

▶ 在实际生活中，丛林法则却也仍起着至关重要的作用，即大家庭就是强势家庭，总是占领最好的食物源、最好的栖息地，小家庭则必须处处忍让。

第七章　金丝猴的故事

你知道在大龙潭金丝猴部落中，是谁第一个吃人类投喂的食物吗？

胆大的大胆

大胆是金丝猴部落里胆子最大的雄猴，但是这并不妨碍它还是个心细的"小伙子"。如果不是因为它心细，自然也没有那么多妙趣横生的故事了。

在神农架金丝猴保护研究中心启动的给野生金丝猴补充食物的项目中，大胆是金丝猴群中第一个品尝人类给予的食物的。苹果被包在松萝里面，大胆吃松萝时，啃了一口苹果，不过它随即将苹果扔了。恐怕在整个金丝猴群中，如此大胆的猴子也只有大胆这一只了吧。金丝猴这个物种，清高又多疑，这两个特征都足以令它们对人类投喂的食品视而不见。"大胆"成为大龙潭金丝猴部落中第一个吃人类投喂苹果的野生金丝猴。

大胆吃过苹果以后，发现苹果很好吃，它接连数天独享了苹果之后，其他的金丝猴也开始吃苹果了，这便等于它架起了人类与金丝猴沟通的桥梁。那历史性的一咬一直为金丝猴研究人员津津乐道。在神农架的冬天，金丝猴的食物严重短缺，第一次尝试在神农架高海拔山区给野生金丝猴人工投食，补充金丝猴营养，本身是一个创举。

猴中明星：大胆

爱笑的大杨

大杨喜欢笑，而且是大笑，每笑必摇摆身体，样子诚恳，为猴随和，人家摸一下他的头，它也摸一下人家的头，其实这是一种典型的质朴性狡猾。

大杨现在在全雄单元中地位最高，平日里有小杨跟随它听从它的使唤，一般情况下，它得志而不忘形。但是，一到觅食的时候，大杨终究还是要现形，它觅食的时候，除了小杨可以跟他分享，其他的猴，根本不敢近前。

大杨在去年秋天，惨遭其猴生中最大的打击。去年秋天的一次迁徙中，大杨看上了一个家庭里"如花似玉"的雌猴，遂欲上前图谋不轨，被家长雄猴逮个正着，一顿痛揍，打得大杨灵魂出窍，左手被咬得露出骨头。如大杨这般城府高深的雄猴遭此惨重打击，实在是一个奇闻。那些日子，大杨用一只手觅食和上树，过了20天才逐渐消肿。也不知道它采取的是什么治疗方案，不久后，露骨头的地方竟已经痊愈。以后它照例大笑，也照例图谋情事。在大龙潭，这个浪漫主义的山谷，它还将上演诸多精彩的故事。

大杨和他的家人

"武功"一流的红脸

红脸在 2006 年秋天以前，一直是全雄单元的老大。红脸性格坦荡，光明磊落，除去他对"一撮毛"的长期庇护之外，几乎很难找到它的毛病。红脸是一个志向高远的猴，加上它的"武功"一流，争夺家长的地位也指日可待。最初，红脸表现得不合群，可能是出于对个人空间的需要，它总独自跑到老高的坡上吃独食，它在思考，并且设计挑战方案……一天下午，天高气爽，秋风宜人，溪水潺潺，层林尽染。红脸从坡顶下到大龙潭的龙头山下，只身穿过全雄单元的防区，直接冲入红头家庭的栖息地，直攻红头家长。

这种原始并且经历亿万年的挑战方式，最符合森林中的自然法则，胜者王败者寇。如果红头家长被打败，它只能永远离开家庭，或去全雄单元。

红脸扑向红头家长抱住就咬，红头家长猝不及防，但因其有作为家长的良好基础，它迅即反应过来，反抱住红脸，给出"绝世降虎金猴掌"，一掌下去，但见红脸的额头到眼角，一道一寸多长的大血口子炸开，红脸顿时鲜血满脸。红头家长遂又抱住红脸，两猴互相撕咬，翻滚腾跳，直往坡下滚去。

这场搏斗最终以红脸失败告终，红脸沮丧地向山顶跑去。待它回来时老大地位被大杨取代，从此全雄单元的红脸时代结束。

第八章　金丝猴与生态保护

金丝猴为何成为濒危动物

- 金丝猴种群数量原本就不多。二十世纪七十年代以前，人类为了自身的活动和发展，开垦了许多森林田地，不仅破坏了金丝猴的栖息地，也造成了一部分水土流失，改变了自然环境，导致金丝猴数量减少。
- 在滇金丝猴生活的白马雪山保护区内，甚至有偷猎行为发生。
- 后来实行退耕还林、自然林区保护工程后，金丝猴仍处于濒危状态，这可能是因为气候变化导致金丝猴过冬食物减少，且金丝猴栖息范围大，生活在高寒，地势条件极端，交通不便，无法大面积人工投食。所以金丝猴至今仍是濒危物种。

神农架国家公园管理局与金丝猴的故事

- 在神农架活跃着一群懂得金丝猴语言，能与它们交流的科研工作者。近年来，神农架国家级自然保护区大龙潭金丝猴野外研究基地科研所组织科研小组，开展了对金丝猴语言社会行为的研究，已初步了解了金丝猴在不同状况下的18种语言行为，并将这一成果发表在2009年的美国《国家地理》杂志上，引起国内外动物学家和人类学家的关注。

▶ 目前，他们正加紧对野外金丝猴种群谱系的对比研究，以建立金丝猴越冬食物人工补食技术体系。

国家层面采取的科学保护措施

▶ 国家推行科技支撑计划，成立自然保护区和金丝猴保护研究中心。

▶ 具体保护措施有：维护和恢复生态走廊，使小种群脱离灭绝旋涡。减少村民对森林的依赖，发展有地方特色的绿色替代产业，包括开发自然旅游和生态旅游资源，从正面提升村民的保护意识。建立研究和监测机构，建立物种研究平台，确保管理和决策有坚实的科学基础，并提升物种的知名度。合理规划保护地区，实现全方位的保护。

▶ 通过教育、立法等途径加强对金丝猴的保护，如：组织"让'神农架金丝猴'走进课堂"主题班会；在社区开展恢复、培育"尊重生命，敬畏自然"的文化传统的宣传活动；加大对偷猎行为的执法力度。

日常生活与环境保护

▶ 塑料瓶污染：英国《卫报》曾预计，到2021年，全球塑料瓶消费量将达到每年5000亿只，远超回收利用的能力。截至2018年，全世界每分钟会消费100万个塑料瓶，这一数字到2021年将上涨20%。一些环保人士发出警告：塑料污染带来的危害同气候变化一样严重。

▶ 垃圾污染：丢弃的垃圾侵占土地、堵塞江湖、有碍卫生、影响景观、危害农作物生长及人体健康的现象，叫作垃圾污染。其中人们丢弃的厨房垃圾、废塑料、废纸张、碎玻璃、金属制品等生活垃圾正以每年 10% 的速度增加，构成一大公害。

人类随意丢弃的塑料瓶、塑料袋、碎玻璃等垃圾，容易被野外金丝猴误食，这也是导致金丝猴濒危的一个原因。

野外金丝猴易误食垃圾

活动：
　　你想为保护金丝猴奉献出自己的一份力量吗？请在完成野外考察活动后完成《我的保护金丝猴承诺书》。

研学篇

研学准备:金丝猴通行证大闯关

活动说明:活动总时长3小时,主要为第二天开展金丝猴基地研学活动做准备,详细内容见表1。

表1 活动行程表

地点	时间	研学主题	研学目标	研学准备	研学过程	备注
木鱼镇酒店会议室	14:00—14:30	破冰活动	师生之间逐渐熟悉、亲近,便于后续活动的有效开展	自我介绍	见活动一详细内容	考核中安排答题类项目,答全则通过颁发通行证,获得满分才过;若不通过直得过
	14:30—15:30	金丝猴知识知多少	为实地观察金丝猴做好知识方面的铺垫	纸、笔		
	15:30—16:00	金丝猴通行证闯关	落实金丝猴研学各方面知识	纸、笔	首先观看《金丝猴,我们来看你啦》视频,然后进行考核过关。见活动二详细内容	

续表

地点	时间	研学主题	研学目标	研学准备	研学过程	备注
木鱼镇酒店会议室	16:00—16:20	熟知研学成果展示	1. 认识多种研学成果展示方式 2. 在此基础上按照特长和兴趣选择某一种展示方式 3. 自行组建研学小组，制订金丝猴研学行动计划	纸、笔	见活动三详细内容	核中安排发放考核证书，颁发至满分通过；若过答题类全部答对，则不通过直得才过
	16:20—16:30	组建研学小组		组建研学小组	见活动四详细内容	
	16:30—17:00	制订行动计划		完成研学手册相应内容	见活动五详细内容	

活动一　破冰游戏

内容：简单的自我介绍及集体小游戏。

游戏："备受攻击"。

操作流程：

▸ 抽出一人做箭靶。

▸ 在地上画一个圆圈，或用绳圈也可，"箭靶"站在中间，其他人要轻轻拍打他至少 3 次。但不可被"箭靶"碰到，被碰到的人便要做"箭靶"了。

▶ "箭靶"可拉人入圈（这个圈一定要大一点），帮他一起捉人，即圈内人会越来越多，直至所有人都入圈了为止。

活动二　通行证闯关活动

第一步，集体观看《金丝猴，我们来看你啦》安全导引动画片。

"观察金丝猴"活动学生安全导引

地点 1：大龙潭金丝猴展馆

（1）列队分批分组进入，禁止喧哗、吵闹、推搡。

（2）如需上洗手间，需向指导老师说明方可出队。

（3）禁止丢弃杂物。

地点 2：金丝猴森林栈道

（1）列队分批分组进入，禁止喧哗、吵闹、推搡。

（2）栈道狭窄，时有台阶，注意脚下安全。

（3）看管好个人物品，避免金丝猴误食。

（4）禁止采摘或践踏森林资源。

地点 3：金丝猴观测点

（1）切勿主动触碰金丝猴，野生动物应激反应无法预测。

如若遇到金丝猴主动靠近，不要慌乱，不要尖叫，不要推搡。应该是金丝猴以为你口袋里有食物，以为你要给它们喂食，双手伸出来摊开，向它们示意即可。

（2）切勿向金丝猴投食。

金丝猴属于野生保护动物，它们食性特殊，人工食物可能会导致其体内益生菌紊乱，出现腹泻、呕吐等症状，非专业保护人员禁止向它们投食。

（3）切勿近距离拍摄金丝猴，切勿使用闪光灯。

金丝猴敏感性很强，大家不要近距离与其接触，尽可能不要造成它们的紧张和恐慌，与之保持一定安全距离。

（4）若金丝猴挡住通道，切勿动手或大声驱赶，需要静待它们离开。

金丝猴具有敏感性，尽可能不要造成它们的紧张和恐慌，与之保持一定安全距离，需要静待它们离开。

地点 4：小龙潭金丝猴展示区

（1）列队分批分组进入，禁止喧哗、吵闹、推搡。

（2）如需上洗手间，需向指导老师说明方可出队。

（3）走道时有台阶，注意脚下安全。

（4）切勿向金丝猴投食或扔掷杂物。

第二步，获取金丝猴通行证，填写"金丝猴知多少"任务单。

"金丝猴知多少"任务单

一、单项选择题（每题2分，共10分）

1. 金丝猴一天中有几个觅食高峰？（   ）

A.1 个　　　　　B.2 个　　　　　C.3 个

2. 金丝猴大约什么时候开始午休？（   ）

A.11:30　　　　B.14:30　　　　C.16:00

3. 金丝猴部落实行什么样的婚姻模式？（   ）

A. 一夫多妻制　　B. 一妻多夫制

4.金丝猴爱吃的食物是（　　）。

A.肉类　　　　　B.花卉　　　　　C.植物的叶、果实和地衣

5.金丝猴部落中有猴王吗？（　　）

A.有　　　　　　B.没有　　　　　C.不知道

二、**判断题**（对的打"√"，错的打"×"，每题2分，共20分）

1.实地观察金丝猴特别兴奋，尖叫着跑向金丝猴。（　　）

2.有垃圾想扔，找到垃圾桶扔进去。（　　）

3.与金丝猴合影，开闪光灯效果好。（　　）

4.金丝猴宝宝太萌了，毛茸茸的，我上前去摸摸它。（　　）

5.看！小猴子一直朝我"yiyi"地叫，它是不是饿了呀？猴宝宝肯定饿了，我包里有饼干，给它喂点吧！（　　）

6.哎呀，金丝猴冲我这个地方跳下来，好吓人，快跑。（　　）

7.金丝猴在树上，距离我有点远，把它从树上摇下来。（　　）

8.在森林栈道看到金丝猴的食物，摘下来喂给它吃。（　　）

9.前面同学走得太慢了，推一下。（　　）

10.某同学未注意脚下台阶摔倒了，哄然大笑。（　　）

备注：闯关不合格者继续做第二遍，直到合格为止。

活动三 认识研学成果展示

展示方式 1

【自然笔记】

▶ 你喜欢画画吗？如果喜欢画画，那么自然笔记会是不错的选择哦！

自然笔记案例

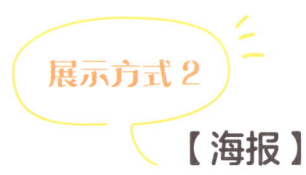

【海报】

▶ 你是电脑高手吗？把自己的创意与电脑结合起来，设计一张海报也是非常不错的选择呢！如果没有电脑，小组合作绘画的方式也很好哦。

▶ 海报是一种常见的宣传方式，选取图片、文字、色彩、空间等要素，并对其加以整合，以恰当的形式向人们展示宣传信息。

概念型海报

科普型海报

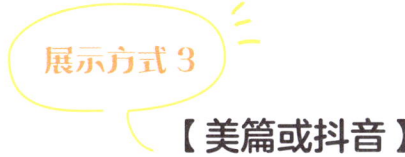

【美篇或抖音】

▶ 你肯定是手机达人，会使用很多文字记录或视频拍摄 App 吧！

▶ 将用手机拍摄到的金丝猴照片和视频利用美篇或抖音等 App，配上表达自己思想的文字或配音，制作自媒体素材。

【故事汇编】

▶ 故事汇编是喜欢用绘画来讲故事的同学上佳的选择。通过大量连贯的图片加上少量的文字（类似于绘本），就可以讲述一个生动的故事了。将你们的研究成果融入故事中，一定会让人爱不释手的。中学生可就文学作品进行改编，如美猴王的神农架之旅。

【你演我猜】

▶ 考查小组默契的时候到啦，谁的表演天赋比较高呢？

▶ 你演我猜，一位组员模仿金丝猴的语言或动作，让小组成员猜猜他想表达什么意思。

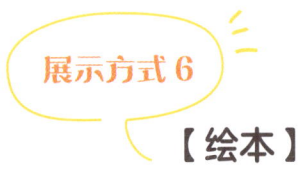

【绘本】

▶ 尝试一下集体绘画吧，把大家的想法用简单的文字配上图画的方式呈现给大家，讲出大家的心声。

▶ 绘本指的是文字与图画相辅相成，表达特定情感和主题的图画故事书。绘本是通过绘画和文字两种媒介，在不同层面上的交织、互动来说故事的一种艺术形式。

【彩泥】

▶ 你们肯定玩过用彩泥制作的各种有趣的物体吧！

▶ 按照金丝猴体形特征的科学数据使用彩泥制作栩栩如生的 3D 金丝猴模型。

活动四　组建研学小组

▶ 学生依据感兴趣的主题以及熟悉的展示方式，组建研学小组。

活动五　制订行动计划

表 2 为行动计划表。

表 2　行动计划表

我们小组的研究主题			
研究方法	实地考察法		
准备开展的活动	如：现场绘画、边摄影边解说		
研究成果呈现方式			
人员分工			
小组成员	具体任务	完成时间	备注

第二天 上午

基地实践：神农架探秘金丝猴

路线：大龙潭金丝猴展馆 ⟶ 金丝猴森林栈道 ⟶ 金丝猴观测点 ⟶ 小龙潭金丝猴展示区

表3为第二天上午"神农架探秘金丝猴"活动行程表。

表3 第二天上午"神农架探秘金丝猴"活动行程表

地点	时间	研学主题	研学目标	安全提示
大龙潭金丝猴展馆	9:00—9:20 共20分钟	参观金丝猴展馆	搜集与小组研究主题相关的专业知识	1. 分批进入 2. 保持安静
金丝猴森林栈道	9:20—10:05 共45分钟	观察金丝猴生活环境	1. 注重从食物和居住环境两大方面对金丝猴进行详细观察 2. 认出一两种金丝猴食物即可 3. 描述金丝猴的居住环境	1. 不翻越围栏 2. 不破坏植物 3. 不乱扔垃圾 4. 不大声喧哗 5. 不随意掉队
金丝猴观测点	10:45—11:25 共40分钟	观察金丝猴形态、语言	1. 观察金丝猴形态特征（毛发、四肢、五官等） 2. 观察金丝猴行为特征（走、跳、吃、打架等） 3. 观察并模仿金丝猴的语言	1. 切记不主动触碰金丝猴 2. 注意脚下安全，禁止打闹推搡 3. 禁止留下任何个人物品 4. 不大声喧哗 5. 不随意掉队

续表

地点	时间	研学主题	研学目标	安全提示
小龙潭金丝猴展示区	11:45—12:05 共20分钟	野生与圈养的对比	通过对比金丝猴不同生活方式，分析救护站的价值，探讨"生命与自然""生命与社群（家族）""生命与自我"的关系	1. 切记不主动触碰金丝猴 2. 注意脚下安全，禁止打闹推搡 3. 看管好个人物品 4. 不大声喧哗 5. 不随意掉队

活动一　观察金丝猴

（一）大龙潭金丝猴展馆

注意事项：（1）对于不懂处，询问工作人员和指导老师。

（2）填写任务单（学到的知识）。

（二）金丝猴森林栈道

（1）思考老师提出的问题。

（2）找出金丝猴的食物。

（3）完成任务单或小组任务。

（三）金丝猴观测点

通过绘画、摄影、录像等多种形式仔细记录以下内容：

（1）金丝猴的形态。

（2）金丝猴的行为。

（3）金丝猴的语言。

要求：小组协作完成小组任务。

（四）小龙潭金丝猴展示区

从大龙潭前往小龙潭，路上用时 10 分钟，到小龙潭后自由活动 10 分钟，之后在老师指导下观猴 20 分钟。

思考：与大龙潭金丝猴对比，小龙潭金丝猴有什么不同？对比两种不同的生活方式，你产生了哪些想法？分析小龙潭救护站的作用及价值，探讨"生命与自然""生命与社群（家族）""生命与自我"的关系。

活动二 填写任务单

表4为"神农架探秘金丝猴"任务单。

表4 "神农架探秘金丝猴"任务单

地 点	获取的知识
大龙潭金丝猴展馆	1. 2. 3.
金丝猴森林栈道	1. 地形 2. 植物 3. 气候 4. 水源 5. 金丝猴的食物
金丝猴观测点	1. 2. 3.
小龙潭金丝猴展示区	1. 2. 3. 引发的思考

第二天下午

成果分享：金丝猴研学成果展示会

活动说明：基地实践活动结束后，当天 14:00—17:30 进行研学成果展示活动。活动包括准备、展示和评价三个部分，总时长三个半小时，最后将展示作品和评价表装入学生档案袋。表 5 为第二天下午活动行程表。

表 5　第二天下午活动行程表

地点	时间	研学主题	活动说明	备注
教室或室内空间	14:00—15:30	研学成果准备	将研学内容进行物化	遇到问题可随时求助老师
	15:30—17:00	研学成果展示活动	将金丝猴研学中所见所感进行成果展示，向其他同学借鉴学习	
	17:00—17:30	研学评价活动	进行自我评价、同伴互评，明确自己的收获	

活动一　展示活动准备及成果展示

运用熟悉的研学成果展示方式，将小组的研学成果展现出来。

活动二　研学评价活动

开展研学评价活动，完成小组互评表（见表6）、学生自评表（见表7）。最后将各类评价表格、学生成果展示作品等装入学生档案袋。

表6　小组互评表

小组	研究主题	展示方式	展示过程	综合等级

填表要求：

▶ 展示过程评分标准：展示过程流畅，体现分工协作，评为A；展示过程较流畅，基本有分工，评为B；展示过程不顺畅，未体现分工协作，评为C。

▶ 综合等级评分标准：参照老师给出的指标和方法评定，A表示优秀，B表示良好，C表示合格。

表7　学生自评表

一级指标	二级指标		评价内容	等级
自我管理	文明素养	1	爱护花草树木，不乱采乱摘	
		2	使用文明用语，不大声喧哗	
		3	仔细观察，不做危害金丝猴的行为	
		4	边走边学，不推不挤，不妨碍他人	
	遵规守纪	5	遵纪守法，安全意识强	
		6	不随意离队，服从带队管理	
		7	遵守时间节点，不影响活动流程	
	生活能力	8	注意饮食健康，不乱吃零食	
		9	生活有序，不丢三落四	
知识素养	基础知识	10	能识别金丝猴，并说出金丝猴主要的外貌特征	
	能力提升	11	认识金丝猴的行为特征、生活习惯、社会结构	
情感素养	思想意识	12	认识金丝猴与人类的关系，形成尊重、爱护金丝猴的观念和态度	
	行为实践	13	愿意为保护金丝猴采取行动	
实践活动	实践能力	14	能够依据活动主题，自主选择恰当的活动方式展开活动	
		15	能够在自主探究的学习中，运用所学知识解决实际问题	
		16	参与活动踊跃，敢于尝试，乐于发表自己独到的见解	
	参与意识	17	不怕困难、思维灵活，恰当选择解决问题的方法	
		18	及时完成活动任务，积极参与交流分享	
协作精神	合作精神	19	小组成员团结协作，合理分工、乐于分享	
		20	认真倾听其他小伙伴的观点和意见	
	合作态度	21	关心同学，相互尊重，发挥优势，取长补短	
		22	主动承担组内工作，不推诿，有责任意识	

活动三　我的保护金丝猴承诺书

我的名字：_____

☆ **我的周计划：**

○ 上网了解金丝猴保护现状

○ _____

○ _____

○ _____

☆ **我的月计划：**

○ 参与一次社区内组织的环保活动

○ _____

○ _____

○ _____

注：未来完成后，请在圆圈中打√。

延伸读物

1. 《金丝猴日记》 神农架自然保护区金丝猴考察队著,中国林业出版社。
2. 《金丝猴部落:探秘神农架》 古清生著,中国言实出版社。
3. 《我是神农架金丝猴》 李明璞、李云飞、廖明尧著,湖北人民出版社。
4. 《神农架金丝猴》 湖北神农旅游投资集团有限公司编著,余明建摄,中国摄影出版社。
5. 《滇金丝猴生活图解》 于凤琴著,中国林业出版社。
6. 《金丝猴跟踪》 刘先平著,天天出版社。
7. 《金丝猴》 翁子扬著,华中科技大学出版社。
8. 《神农架金丝猴生境和遗传多样性研究》 张于光、李迪强等著,中国林业出版社。
9. 《我的山野朋友——探险灰金丝猴王国》 刘先平著,少年儿童出版社。
10. 《金丝猴的社会》 苏彦捷主编,北京大学出版社。
11. 《金丝猴研究》 全国强、谢家骅主编,上海科技教育出版社。
12. 《红唇美猴传奇》 赵序茅、李明著,中国少年儿童出版社。
13. 《我爱我家——白头叶猴在崇左》 中国野生动物保护协会等编著,中国农业出版社。

国宝金丝猴研学手册

学生姓名：

年级班级：

所在学校：

研学时间：

研学地点：

神农架金丝猴知识科普
中文版

神农架金丝猴知识科普
英文版